IN MEMORIAM

LES LEÇONS

DE

LA MORT

SERMON

Sur Ps. XC, 12

PRÊCHÉ A MONTPELLIER, LE 25 AVRIL 1869

à l'occasion de la mort de M. le Pasteur L. ROGNON

PAR

N. RECOLIN, Pasteur

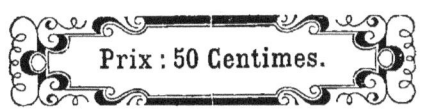

Prix : 50 Centimes.

MONTPELLIER

FERDINAND POUJOL, LIBRAIRE

22 — rue Argenterie — 22

1869

En livrant à l'impression cette improvisation rapide que m'a inspirée la mort de M. le Pasteur ROGNON, j'ai pensé avant tout aux parents et aux amis que ce serviteur de Dieu comptait dans le Midi, et spécialement dans l'Église de Montpellier, et j'ai voulu marquer en quelque sorte la place qu'il occupait dans leurs cœurs.

MONTPELLIER, TYPOGRAPHIE DE BOEHM ET FILS.

LES LEÇONS DE LA MORT

> « Enseigne-nous à tellement compter nos jours, que nous en ayons un cœur plein de sagesse. » Ps. XC, 12.

Mes Frères,

On a quelquefois reproché à la chaire chrétienne, à notre chaire protestante, de se tenir trop à l'écart des préoccupations journalières de ceux qu'elle a mission d'enseigner.

Il est un sens où ce reproche peut être considéré comme injuste et se transformer même en éloge. Destinée à arracher les âmes aux soucis et aux passions de ce monde pour les conduire à Dieu, la prédication évangélique doit, sous peine d'infidélité, s'élever et se tenir dans les régions pures de la vérité morale et religieuse, et ce serait méconnaître à la fois sa dignité et nos vrais intérêts, que d'exiger qu'elle se fît l'écho de toutes les agitations du siècle et de l'Église. Mais présentée sous un autre aspect, l'observation peut être légitime. Il est, dans le cours de la vie humaine, des événements qui sont, à leur manière, des appels d'en Haut ; il est des tristesses et des deuils qui atteignent des familles, une Église entière, et y provoquent une vive et sérieuse émotion. N'est-il pas alors du devoir du Ministre de l'Évangile de répondre à ces légitimes préoccupations et, reliant aux réalités du monde invisible les événements de la terre, de discerner et de faire discerner à ses contemporains, dans ces événements mêmes, la voix de Dieu qui s'y fait entendre ? Négliger ces occasions, ne serait-ce pas de notre part négliger quelques-uns des moyens que la Providence divine nous fournit pour vous instruire et vous avertir à salut ?

Si j'ai bien compris, mes chers Frères, les sentiments qui vous animent, l'Église réformée de Montpellier est, à cette heure, sous le coup d'une préoccupation semblable. Au milieu de tant d'autres deuils qui attristaient nos familles, un deuil nouveau, inattendu, est venu émouvoir tous nos cœurs. Il y a quelques jours, nous avons appris avec une douleur que pouvait seule égaler notre surprise, que M. le pasteur Louis Rognon, qui pendant cinq années a desservi l'Église de Montpellier, et pendant près de douze ans celle de Paris, a disparu de la terre des vivants. Emporté à la fleur de l'âge par une courte et implacable maladie, il est allé rejoindre dans la mystérieuse et éternelle patrie les trois pasteurs de notre Église qui l'avaient devancé, à quelques années d'intervalle : les Michel, les Grawitz, les Lissignol... Et ainsi la liste mortuaire, déjà si longue, de nos fidèles et de nos pasteurs, s'est accrue d'un autre nom, et un vide douloureux, profond, s'est fait dans nos rangs et dans nos cœurs...

Je n'ai point le dessein de faire devant vous le panégyrique de celui qui n'est plus; je veux demeurer fidèle à l'austère tradition du protestantisme qui a répudié, dès sa naissance, ce genre dangereux et suranné. Mais il me sera bien permis, du haut de cette chaire d'où est si souvent tombée la grande parole de ce serviteur de Dieu, en présence de tant de parents et d'amis dans le cœur desquels son image est demeurée vivante, de joindre ma faible voix à toutes celles qui ailleurs, devant son cercueil, ont rendu à sa mémoire un éclatant et légitime hommage. S'il est vrai que le nom d'un pasteur appartient de droit aux Églises où son ministère a fait quelque bien et laissé quelques traces, l'Église de Montpellier a le droit de réclamer sa part, et, osons le dire, une large part dans cet héritage spirituel. Cette intelligence, à la fois prompte et vigoureuse, qui s'élevait sans effort dans les sphères les plus hautes de la pensée chrétienne et philosophique, c'est ici qu'elle a donné ses premiers fruits... Cette parole ardente et colorée qui interprétait avec puissance et fidélité, soit les conseils de Dieu déposés dans sa Parole, soit les aspirations, les douleurs et les misères de l'homme déchu, c'est ici qu'elle s'est vraiment révélée. Ce cœur si sincère et si loyal, et qui, sous des apparences de froideur et de réserve, s'ouvrait si bien — tous ses amis l'attestent, — à tous les sentiments de la nature et de l'amitié, et battait pour toutes les grandes et nobles causes, c'est ici qu'il a été tout d'abord connu, apprécié, aimé... Aussi, frères et amis, je ne crains pas de faire aujourd'hui, dans ce temple, au souvenir de notre ami, ce que nous avons fait si souvent, ce qu'il fit lui-même autrefois au bord des tombes des bien-aimés que vous avez perdus; je ne crains pas, sous le regard de ce Dieu qui comprend et qui accueille tous nos soupirs, et devant cette Parole qui nous montre le Sauveur des hommes pleurant sur le tombeau de Lazare, je ne crains pas de laisser mes larmes couler avec les vôtres...

Oui, je pleure avec vous sur cette carrière pastorale, si riche encore de promesses, tout à coup interrompue, brisée... Je pleure sur la disparition prématurée de cet homme qui, à travers les infirmités inhérentes à la nature humaine, a connu et glorifié la grâce de Dieu... Je pleure sur ce foyer domestique dont il était l'âme et dont il savait si bien savourer les douceurs, maintenant sombre et désolé... Je pleure, oh! je pleure avec vous sur cette veuve sa fidèle compagne, sur ces enfants, qui demeurent seuls... O mon Dieu ! vois nos larmes, écoute nos soupirs, exauce nos prières et nos supplications, et relève par ta grâce toute-puissante, fortifie, console ces cœurs que tu as brisés...

Toutefois, mes Frères, je n'oublie pas, je ne veux pas oublier que vous attendez de moi en ce moment autre chose que des paroles de regrets et de sympathie. La voix du cœur s'est fait entendre, il nous faut écouter maintenant la voix de Dieu... A la pensée de cette tombe où viennent de s'engloutir tant de jeunesse et d'espérances, je viens vous exhorter tous à prêter une oreille attentive et sérieuse aux austères déclarations du psaume que je vous lisais tantôt, et à serrer particulièrement dans vos cœurs l'exhortation pratique de mon texte : « Enseigne-nous à tellement compter nos jours que nous en ayons un cœur plein de sagesse. » On l'a dit : le prédicateur le plus constant et le plus éloquent, c'est la mort. Que ce soit donc ce prédicateur qui nous enseigne en ce moment de la part de Dieu. Que nous prêche-t-il ?

Et d'abord, mes Frères, la mort nous prêche l'*humilité*.

Nous n'avons aucun intérêt ni aucun goût à le méconnaître ; un premier regard jeté sur l'homme, sur l'homme de notre temps, nous offre un spectacle imposant de grandeur et de force, bien propre à nourrir notre orgueil. Soit que s'élançant sur les ailes de la science vers « les hauteurs des cieux », il compte, il pèse, il analyse les mondes déjà connus, ou y découvre des mondes nouveaux ; soit que, se renfermant dans le cercle des phénomènes terrestres, il s'empare, pour les plier à son usage et à ses caprices, des éléments et des forces de la nature qui semblaient d'abord les plus rebelles à sa puissance : l'air, l'eau, le feu, l'électricité ; soit que, descendant dans son cœur et donnant une voix émue aux pressentiments du nôtre, il fasse entendre, comme poète, comme artiste, comme orateur, des accents qui nous touchent ou nous ravissent, l'homme nous apparait vraiment comme un maitre, comme un roi, auquel toute la nature aspire comme à sa fin et à son couronnement, et nous aimons alors à répéter ces paroles d'un cantique hébreu : « Quand je regarde (ô Éternel) les cieux, l'ouvrage de tes doigts, la lune et les étoiles que tu as agencées, je dis : Qu'est-ce que de l'homme, que tu te souviennes de lui et du fils de l'homme que tu le visites ? Car tu l'as fait un peu moindre que les anges, et tu l'as couronné de gloire et d'honneur. Tu l'as établi dominateur sur les œuvres de tes mains, tu lui as mis toutes choses sous ses pieds... [1] » Mais, au lieu de conclure de ce grand spectacle comme concluait le Psalmiste : « Éternel, notre Seigneur, que ton nom est magnifique par toute la terre ! » au lieu de remonter de la puissance de la créature à celle du Créateur, de la terre au ciel, que d'hommes de notre génération sont tentés de conclure,—et vous savez si plusieurs l'ont osé—sinon avec l'insensé du temps de David : « Il n'y a point de Dieu », du moins avec la folie de l'esprit du siècle : « Il n'y a sur la terre et dans le ciel aucun autre agent intelligent et libre,—c'est-à-dire, apparemment, aucun autre Dieu,—que l'homme qui seul se connait et peut connaître toutes choses... »

Eh bien ! mes Frères, c'est cette monstrueuse et coupable idolâtrie que le Dieu juste et saint a voulu de tout temps prévenir et châtier. Et pour cela, il envoie sur la terre chaque jour, à chaque minute, à chaque seconde, son redoutable messager, la mort, qui sous diverses formes et par mille

---

[1] Ps. VIII, 4-7.

voix nous rappelle notre fragilité, notre petitesse, notre dépendance d'un Dieu créateur, maître et juge du monde. Et alors, vous savez, vous voyez ce qui advient. Cet homme qui tenait dans ses mains puissantes le sceptre royal et régnait avec éclat sur l'un des cantons de ce vaste domaine, le voici, par l'effet d'un accident des plus vulgaires, à la suite peut-être d'un refroidissement imprévu de l'air qui l'entoure, par l'action de quelques gouttes de sang qui se portent soudainement à son cerveau, le voici tout à coup arrêté, terrassé, couché sur un lit d'agonie, en attendant que, quelques heures après, il le soit dans un étroit cercueil... Nous disions tantôt : O grandeur, ô gloire de l'homme ! Nous nous écrions maintenant : O petitesse, ô néant ! ô misère de ce roi qui, comme cet autre roi de l'antiquité, au milieu de tous les signes de sa grandeur, voit sans cesse supendue au-dessus de sa tête l'épée qui doit le frapper ! O désordre terrible et journalier, symbole et châtiment d'un désordre plus grand encore, du désordre moral, celui du péché dont nous sommes tous les auteurs et les victimes !.. Ah ! il a dit vrai, le grand penseur-poète : « L'homme n'est qu'un roseau, le plus faible de la nature... Il ne faut pas que l'univers entier s'arme pour l'écraser ; une vapeur, une goutte d'eau suffit pour le tuer... Quelque belle que soit la comédie en tout le reste, le dernier acte est toujours sanglant. Quelques poignées de terre sur la tête, et en voilà pour jamais... [1] »

Frères, recueillons cette leçon de la mort. Quand le démon de l'orgueil, quelle que soit d'ailleurs son origine, qu'il parle au nom de la science ou au nom de la justice propre, s'approchera de nous pour murmurer à notre oreille le mot du serpent ancien : « Vous serez comme des dieux » ; quand,

---

[1] *Pensées* de Pascal.

au milieu de tous ces vestiges de notre grandeur primitive, nous serons tentés d'oublier nos misères actuelles, notre misère morale ; quand les grandes et suprêmes réalités de la souveraineté, de la sainteté et de la justice de Dieu, les réalités de la mort, du jugement et de l'éternité, se voileront à nos regards... rappelons alors vivement à notre esprit ces scènes de deuil, ces vies brisées, ces œuvres interrompues et inachevées, et, dans le sentiment douloureux mais salutaire de notre fragilité, de notre péché, humilions-nous sous la puissante main de notre Dieu.

Humilions-nous, ai-je dit, mais ne perdons pas courage; car si la mort nous prêche l'humilité, elle nous prêche aussi la vertu, l'excellence, la nécessité de *la foi*. Le chrétien qui a comparé l'homme à un roseau a ajouté: « Mais c'est un roseau *pensant* », et encore : « L'homme est plus grand que ce qui le tue, parce qu'il sait qu'il meurt... » Nous pouvons ajouter dans le même esprit, « parce que, par la foi, il sait qu'il ne meurt pas tout entier, et qu'en mourant il sait où il va... »

Oui, mes Frères, mes compagnons de misère et de péché, ce qui peut « contrepeser » toutes nos fragilités, adoucir toutes nos douleurs, réparer toutes nos pertes, nous rendre et pour toujours nos titres de noblesse, c'est la foi, la foi chrétienne, la foi biblique — la foi en ce Dieu vivant et personnel, Créateur et Providence, saint et miséricordieux, qui, après nous avoir créés par amour, a voulu nous sauver encore par amour, et, pour le faire, a trouvé le magnifique secret d'accorder son amour et sa justice en nous donnant son propre Fils; — la foi en ce Fils unique et éternel du Père, qui a quitté les gloires et les félicités du ciel pour descendre sur notre terre souillée, et, s'étant uni réellement et complètement à notre humanité, a souffert de nos douleurs, a porté nos péchés, s'étant offert lui-même comme «l'agneau de Dieu qui ôte les péchés du monde», et ayant été fait «de la part de Dieu pour nous : sagesse, justice, sanctification et rédemption»; — la foi en cet Esprit de la promesse auquel le Christ a donné le doux nom de «Consolateur», et qui a reçu mission de continuer, de consommer son œuvre en préparant, en appelant, en conduisant les pécheurs à ce royaume spirituel «qui est justice, paix et joie», et dans lequel « les choses vieilles sont passées, et toutes choses sont devenues nouvelles ; — la foi en cette Canaan céleste où ont été recueillis dans la lumière et dans la paix, par la grâce et à la droite de leur Sauveur, tous les enfants de Dieu qui ont combattu ici-bas le bon combat de la foi et de la sainteté, et saisi la vie éternelle; — la foi enfin à toutes ces magnifiques réalités morales que l'Évangile a remises en lumière et dont il est le perpétuel foyer; la foi au devoir, à la vérité, à la justice, à la sainteté, à la liberté, au règne de Dieu... C'est cette foi que nous prêche, que nous recommande notre austère prédicateur.

Êtes-vous jamais entré, mon cher Frère, dans une de ces maisons où la mort fait son œuvre, mais où la foi chrétienne fait aussi la sienne ? Vous êtes-vous approché de ce lit de souffrance, et bientôt d'agonie, et, à certains moments, dans un de ces moments de relâche que laisse quelquefois une longue et cruelle maladie, avez-vous vu le visage de cet homme, tout à l'heure crispé par la douleur, s'adoucir, s'illuminer peu à peu, et offrir à vos regards étonnés l'expression d'une paix profonde qui est comme un avant-goût de la paix du ciel? Avez-vous entendu alors sortir de cette bouche qui, sous les étreintes du mal physique, proférait tantôt des gémissements, des paroles de soumission, d'adoration et d'amour, des paroles comme celles-ci — ce n'est point là une

vaine supposition, nous les avons plus d'une fois entendues :
— « Tout est bien... Il me tarde de déloger pour être avec
Christ.... Comme un cerf altéré brâme après les eaux courantes, ainsi mon âme a soif de toi, ô Dieu fort et vivant!
Oh! quand entrerai-je et me présenterai-je devant la face
de Dieu? » Puis, quand tout est fini, quand est venue pour
la famille affligée l'heure de la séparation, ou plutôt quand,
quelques jours après, a commencé pour elle cette époque
où le silence se fait autour d'elle, et où le vide que la mort
a creusé apparaît jour après jour, heure après heure, plus
grand, plus profond que jamais, êtes-vous rentré dans cette
maison de deuil et, à travers tous les signes d'une immense
douleur, à travers les larmes, sur ces fronts pâlis, avez-vous
discerné cette même lumière, venue du ciel, cette expression d'obéissance, d'amour et d'espérance que vous aviez saisie
sur le visage du mourant; avez-vous entendu, s'échappant du
cœur brisé, mais soumis, de cette veuve, de ce père, de ces
enfants, des paroles semblables, des paroles comme celles-ci:
«Que la volonté de Dieu soit faite, et non point la nôtre...
Je me suis tû et je n'ai point ouvert la bouche, parce que c'est
toi qui l'as fait... Quoi qu'il en soit, l'Éternel est mon rocher
et ma haute retraite, je ne serai pas entièrement ébranlé...»?
— Quelle est donc la vertu secrète qui a soutenu, fortifié ce malade, cet agonisant; qui soutient et fortifie encore ceux qui restent après lui?..... Cette vertu, vous
l'avez nommée, c'est la vertu de la foi, de la foi chrétienne...
C'est pourquoi, Frères, je vous dis à tous: «Que vos lampes
soient allumées», et je demande à celui qui est l'Époux
céleste qu'il verse lui-même dans votre lampe, dans la
mienne, cette huile sainte de la foi qui seule peut nous donner
la lumière à travers toutes les obscurités de la vie et les ténèbres de la mort.

Enfin, mes Frères, parmi les autres leçons de la mort, il en est une que je veux recueillir encore pour vous et pour moi, c'est une leçon de *justice* et de *charité.*

Je ne crains pas d'être démenti par vous si j'affirme que parmi les innombrables douleurs dont l'existence humaine est traversée, il en est plusieurs, il en est beaucoup — et ce ne sont pas les moins amères, — dont le commerce journalier des hommes est la source sans cesse jaillissante. Qui dira la part qu'ont dans la mélancolie de nos pensées, dans les défaillances de nos cœurs, dans l'amertume de nos chagrins, les haines, les malveillances, les injustices, les froideurs, dont l'homme est souvent frappé par l'homme, son semblable et son frère. Ah ! David l'avait pressenti quand il s'écriait : « Que je tombe entre les mains de Dieu, car ses compassions sont en grand nombre, mais que je ne tombe pas entre les mains des hommes ».

Et pourtant, mes Frères, vous savez ce qui se passe quand la mort vient à frapper. En présence d'un cercueil, toutes nos malveillances se dissipent, toutes nos animosités tombent, toutes nos injustices s'arrêtent, toutes nos bouches se ferment ou ne s'ouvrent que pour prononcer des paroles de regret et de sympathie. La voix de la mort nous crie à tous : «Respect, justice, charité envers ceux qui ne sont plus !» Mais si nous savons la bien entendre, cette voix, ne nous crie-t-elle pas aussi : «Respect, justice, bonté à l'égard des vivants, qui doivent bientôt mourir» ! Oui, Frères, puisque la vie est courte, puisqu'elle est semée de tant de maux, puisqu'elle aboutit pour tous à la mort, puisqu'elle nous conduit tous devant le tribunal de Dieu, notre juste juge, ne la rendons pas plus amère aux autres et à nous-mêmes, aidons-nous plutôt mutuellement, par la charité, à en porter le lourd fardeau.

Disciples de Jésus-Christ, rachetés d'un Dieu qui est justice et amour, c'est à nous, à nous tout les premiers qu'il appartient d'entendre cet appel de la mort. A Dieu ne plaise que je cherche à diminuer à vos yeux et aux miens les aspérités salutaires, les saintes étroitesses de l'Évangile éternel ! Je ne viens pas vous recommander cette justice mondaine, cette charité banale, qui gardent la même attitude devant le bien et devant le mal, en face de l'erreur et en face de la vérité, et qui ne sont, en réalité, sous des noms sacrés, que de la faiblesse et de l'indifférence. Je sais que, dans les temps difficiles que nous traversons, les enfants de Dieu sont appelés à protester, à réagir avec vigueur et journellement contre cette atmosphère de paresse morale et de scepticisme pratique qui les enveloppe de toutes parts ; je sais qu'ils ont besoin de prêter l'oreille et de répondre à ce cri d'alarme qui retentissait, dans les jours de guerre ou de périls, au sein de la famille de Jacob : « A vos tentes, Israël, à vos tentes ! » Que l'Israël spirituel de notre époque se lève donc et qu'il reste debout ! Que ses membres soient et demeurent fidèles, fermes et indomptables, soit qu'il s'agisse de l'affirmation de la vérité, soit qu'il faille repousser l'erreur ; mais, du même coup et dans le même esprit, qu'ils soient justes, qu'ils soient aimants. Qu'ils rendent toujours justice à leurs amis — hélas ! ils ne le font pas toujours — et qu'ils rendent aussi justice à leurs adversaires ; dans les relations de la vie et au fort même de la lutte, qu'ils sachent distinguer les hommes de leurs idées et les intentions des actions ; qu'ils montrent, qu'ils éprouvent autant de charité pour les pécheurs que de haine contre le péché, et qu'ils déploient plus d'activité encore à éclairer et à ramener ceux qui s'égarent qu'à les confondre et à les condamner.

Ah ! si ma faible voix pouvait dépasser cette étroite enceinte et parvenir aux divers membres de notre chère Église réformée, voici ce que je voudrais pouvoir leur dire au nom du Seigneur :

Écrivains de notre presse religieuse qui vous croyez appelés à combattre pour le triomphe des principes que vous estimez être la substance même de l'Évangile et les fondements de l'Église, faites-le, vous le devez. Déployez dans cette œuvre difficile toutes les ressources de votre esprit, tous les trésors de votre imagination et de votre cœur ; appelez à votre aide toutes les formes de l'art d'écrire ; saisissez, multipliez les occasions de faire entendre la parole de vérité à la génération contemporaine ; mais, au nom de la gloire de votre Maître, arrêtez, brisez votre plume plutôt que d'écrire une ligne — une seule — où respire l'esprit mondain, l'esprit d'une mauvaise colère ou d'une orgueilleuse ironie....

Prédicateurs et pasteurs qui sommes chargés de dire « à Jacob ses forfaits et à Israël ses iniquités », redoublons de vigilance et de fidélité, sonnons hardiment du cor en Sion, poursuivons et réfutons l'erreur, signalons et stigmatisons le péché, prêchons surtout avec une insistance que rien ne lasse et une clarté que rien n'obscurcisse, le conseil de Dieu ; annonçons, présentons aux hommes de notre temps la croix de Jésus-Christ, cette croix qui, en nos jours comme aux jours d'autrefois, est pour plusieurs « un scandale et une folie », et qui demeure aussi, en nos jours comme aux jours d'autrefois, « la sagesse de Dieu et la puissance de Dieu pour ceux qui croient » ; mais mettons la main sur nos lèvres aussitôt que nous sentons notre parole cesser d'être l'écho de la Parole et de l'Esprit de Dieu, ou notre cœur tressaillir d'un autre sentiment que celui de la charité...

Fidèles de nos Églises, auxquels le Seigneur a fait la grâce de connaître et de recevoir la vérité qui sauve, rendez chaque jour, vous aussi, par la parole et par la vie, témoignage à cette vérité; gardez votre indépendance religieuse, soyez ces hommes spirituels qui « jugent de toutes choses »; mais soyez bons et doux les uns envers les autres, et j'ose ajouter envers vos conducteurs spirituels, qui « veillent sur vos âmes comme devant en rendre compte ». Soyez-leur fidèles dans la mesure où ils sont eux-mêmes fidèles à la vérité, supportez leurs faiblesses, rendez justice à leurs intentions, respectez la diversité de leurs dons et de leurs caractères, et, au milieu des complications croissantes de leur ministère, à travers les rudes combats qu'ils sont appelés à soutenir pour la cause de l'Évangile, appuyez-les, portez-les en quelque sorte devant Dieu par la prière, accomplissant ainsi à leur égard cette grande loi de l'amour qui est la loi de la perfection... Et puisse ainsi l'Église, la véritable Église de Jésus-Christ, se former, se dégager du milieu de toutes les obscurités et de toutes les ruines de notre temps, et apparaître enfin aux yeux du monde ce qu'elle doit être, ce qu'elle est dans le plan de Dieu : la colonne de la vérité, le port du salut, le sanctuaire de la justice et de la charité.

O Dieu! Dieu de lumière et d'amour, enseigne-nous ces choses. C'est en vain que ton redoutable messager frappe et parle à la porte de nos cœurs, si tu ne viens toi-même faire entendre ta voix, la voix toute-puissante de ton Esprit. Parle-nous donc toi-même, incline-nous à la charité, incline-nous à la foi, incline nous à l'humilité, et donne-nous à tous ce «cœur plein de sagesse», qui nous est si nécessaire et que nous le demandons, ô Père céleste!

www.ingramcontent.com/pod-product-compliance
Lightning Source LLC
Chambersburg PA
CBHW070542050426
42451CB00013B/3144